für **Julian** *und* **Paul.**

ein besonderes Dankeschön an meine Tochter **Ashley**

Inhaltsverzeichnis

3

Vorwort

Während meiner Berufsausbildung dachte ich bereits daran ein Buch zu schreiben, das auf einfache und angemessene Weise die verschiedenen Arten der Reinigung verschiedener Materialien und Oberflächen zeigt. Dank der Annahme der ersten Ausgabe von „Putzen? oder Reinigen!" ist es für mich praktisch unvermeidlich, meine Leser und Kollegen nicht mit einer neuen und verbesserten Version dieses Werkes zufriedenzustellen.

„Putzen? oder Reinigen! 2021" ist eine Sammlung von all meinen Erfahrungen in der Reinigung. Sie werden von den Grundlagen der Reinigung bis zu Steinen und textilen Bodenbelägen von A bis Z erfahren, was wirklich funktioniert und welche Fehler Sie unbedingt vermeiden sollten.

All diese Informationen erhalten Sie hier, damit Sie keine Zeit verlieren mit Informationen, die nichts mit Reinigungstechnik zu tun haben. Mit „Putzen? oder Reinigen! 2021" lernen Sie von Anfang an alles, damit Sie bereits in kurzer Zeit Ihr Wissen in der Gebäudereinigung mit den richtigen Reinigungsverfahren umsetzen können.

Vielen lieben Dank und herzlich willkommen!

Impressum

Buchtitel: Putzen? oder Reinigen! 2021 ©
zweite Ausgabe (Deutsch) 2021©
Autor: Friedrich Neufuss
Verwendung und Kopie dieses Werkes nur mit schriftlicher
Genehmigung des Autors.
© 2021 Herstellung und Verlag: BoD – Books on Demand,
Norderstedt.
ISBN: 9783753480596

Verwendung dieser Hinweise

Bitte haben Sie Verständnis, dass ich das komplexe Thema Reinigung mit meinen Hinweisen nur allgemein ansprechen kann. Eine Haftung ist ausgeschlossen. Die Anwendung meiner Ratschläge liegt in Ihrer eigenen Verantwortung. Für etwaige Schäden oder Vorfälle, die nicht das gewünschte Ergebnis erzielen, wird keine Haftung übernommen. Für erweiterte Informationen zum Thema Reinigungs- und Pflegeverfahren oder Reinigungschemie empfehle ich Ihnen, einen Kurs zu besuchen.

Reinigung und Schmutz / Definition / Warum reinigt man?

Die Definition des Wortes Reinigung beschäftigt uns schon seit sehr lange. Es gibt viele Möglichkeiten, dieses Wort zu definieren, aber, meine Meinung nach, die einfachste und am besten geeignete ist:

Reinigung ist nichts anderes als die Entfernung von Fremdstoffen oder Materien aller Art (sogenannter Schmutz), welche auf einer Oberfläche sind, durch mechanische und chemische Einwirkung.

Man reinigt einerseits, um die Werthaltung der Oberfläche zu verlängern und andererseits auch aus optischen Gründen oder um Keime, Bakterien und Pilze zu bekämpfen, was wiederum unseren Wohlfühlfaktor steigert.

Genau so einfach ist die Definition von Schmutz zu betrachten:

Schmutz ist nichts anderes als alle „unerwünschten organischen oder anorganischen Materien, die sich zur falschen Zeit am falschen Ort befinden".

Zum Beispiel:

> *„Wenn wir trainieren, schwitzen wir. Dieser Schweiß ist eine natürliche Reaktion unseres Körpers, um sich abzukühlen. Aus unserer Perspektive ist dieser Schweiß der Schmutz und wir duschen, um ihn zu entfernen"*

Für alle Arten der Reinigung und Oberflächen gibt es eine spezielle Vorgehensweise. Diese spezifische Vorgehensweise wird als "Reinigungsverfahren" bezeichnet.

Die Definition von Reinigungsverfahren ist:

Reinigungsverfahren sind diverse Reinigungsmethoden, die in einer bestimmten Reihenfolge für bestimmte Oberflächen geeignet sind, z.b.:

a. Kehren: Mechanische Entfernung von Schmutz mit Hilfe eines Besens.
b. Saugen: Mechanische Entfernung von Schmutz mit Hilfe eines Staubsaugers.
c. Spraycleanern: Mechanische Entfernung von hartnäckig anhaftenden Verschmutzungen.
d. Trockene Pflegefilmsanierung: Mechanische Entfernung von hartnäckig anhaftenden Verschmutzungen bzw. Polymerdispersionen.
e. Wischen / Feuchtwischen: Entfernung von Verschmutzungen mit trockenen oder feuchten Reinigungstextilien.
f. Nasswischen (ein-und zweistufig)

Einstufig.-
Manuelle Nassreinigung mit Reinigungstextilien in einem Arbeitsgang, wird mittels eines Doppelfahreimers und eines Mopps ausgeübt.
Mopp in den blauen Eimer (Reinigungschemie) eintauchen und fest in den roten Eimer pressen, Oberfläche reinigen, zurück in den roten Eimer eintauchen, fest pressen und Vorgang wiederholen.

Zweistufig.-
Manuelle Nassreinigung mit Reinigungstextilien in zwei Arbeitsgängen, wird auch mittels eines Doppelfahreimers und eines Mopps ausgeübt.
Mopp in den blauen Eimer (Reinigungschemie) eintauchen, ohne pressen die Oberfläche mit so viel Reinigungschemie wie möglich einwaschen, zurück im roten Eimer eintauchen, fest pressen, Reinigungschemie von der Oberfläche wegnehmen, noch einmal im roten Eimer eintauchen, fest pressen und Vorgang wiederholen.

g. Nassscheuern: Mechanische Entfernung von hartnäckig Anhaftenden Verschmutzungen.
h. Kombinationsmethode: Shampoonierung + Sprühextraktion für Teppichgrundreinigung.
i. Pulverreinigung (Trockenpulver): Manuelles oder maschinelles Einarbeiten von Reinigungspulver, nach der Einwirkzeit wird mit einem Staubsauger abgesaugt.
j. Garnpad-/Faserpadreinigung: Maschinelles Einarbeiten und Wiederaufnehmen von Reinigungsmittel-bzw. Schmutzlösung.
k. Detachur (Fleckentfernung): Entfernung von partiell anhaftendem Schmutz, z.B.: Kaugummi.

Hier eine kleine Einführung in den Bereich Reinigungschemikalien.-

Um eine gute Reinigung durchzuführen, müssen wir uns daran erinnern, dass in unserer Reinigungschemie unter anderem Tenside enthalten sind.

Aufbau eines Tensidmoleküls

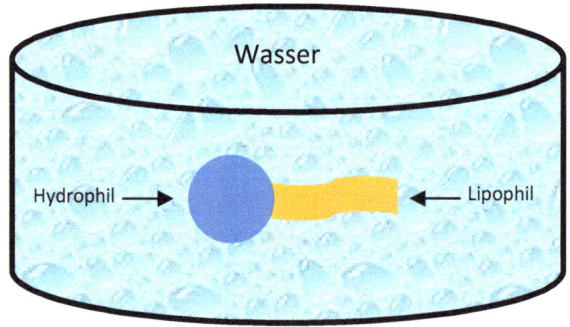

Tenside sind grenzflächenaktive Substanzen, welche die Oberflächenspannung einer Flüssigkeit herabsetzen und die Bildung von Dispersionen ermöglichen bzw. eine Verbindung zwischen Wasser und Schmutz herstellen. Durch diese Verbindung wird der Abtransport von Schmutz besser funktionieren.

Technisch ausgedrückt bedeutet dies:

„Sie geben der Reinigungsflüssigkeit die Eigenschaft, die sie dazu befähigt, die zu reinigende Oberfläche vollständig anzufeuchten, sodass sich der Schmutz leicht löst und entfernt werden kann."
Jedes Tensid Molekül besitzt einen hydrophilen (wasseranziehenden) Kopfteil, welcher von Wassermolekülen angezogen wird und ein lipophiles (wasserabstoßendes) Ende, welches das Wasser abstößt und sich zugleich an öl-und fetthaltigen Partikeln im Schmutz anlagert.
Diese gegensätzlichen Kräfte lösen den Schmutz und suspendieren ihn im Wasser.

„Weil Tenside kontinuierlich „arbeiten", es ist sehr wichtig, sich daran zu erinnern, dass die Dosierung der Reinigungschemikalien sehr wichtig ist, weil
- Bei Verwendung einer falschen Menge (zu viel) Reinigungsmittel muss unsere Oberfläche mehrmals "neutralisiert" oder kann beschädigt werden
- Bei Verwendung einer falschen Menge (zu wenig) Reinigungsmittel wird die Oberfläche nicht komplett sauber sein"

Vorteile

✓ Erhöhen die Netzfähigkeit des Wassers (dies bedeutet, dass Tenside helfen, die ganze Oberfläche mit Wasser zu bedecken, ohne „Inseln" zu bilden)
✓ Erhöhen die Kapillarität des Wassers (der Aufstieg von Wasser in einer vertikalen Oberfläche, bis die Kräfte der

Adhäsion und Kohäsion durch Schwerkraft ausgeglichen werden)
- ✓ Emulgieren Fett (lösen das Fett und vermischen es mit Wasser)
- ✓ Bilden Schaum

Nachteile

- ✗ Lagern sich an Wasserorganismen mit ihrem ölfreundlichen Teil an und bewirken eine hohe Toxizität.
- ✗ Erhöhen die Wiederverschmutzung.
- ✗ Verursachen Hautirritationen.

Es gibt vier Arten von Tensiden

Anionische Tenside

Sie tragen eine NEGATIVE (-) Ladung. (Ablösung von Schmutz. Seife ist das wohl bekannteste anionische Tensid)

Nichtionische Tenside

Sie tragen KEINE Ladung. (Ablösung von Schmutz; besonders gut wasserlöslich. Befinden sich in Waschmitteln, aber auch in Geschirrspülmitteln etc.)

Amphotere Tenside

Sie tragen eine POSITIVE und eine NEGATIVE Ladung. (Ihre Ladung ist vom pH-Wert der Lösung abhängig: Bei einem pH-Wert von unter 5 sind sie positiv geladen (kationisch). Die

größte Gruppe der amphoteren Tenside gehört zur
Stoffgruppe der Betaine.
Sie gelten als Haut- und schleimhautverträglich, biologisch
gut abbaubar und besitzen nebenbei auch
eine gute Reinigungs-Wirkung.

Kationische Tenside

Sie tragen eine Positive Ladung. (Keine gute
Reinigungswirkung, haften aber an der Wäsche, verhindern
elektrostatische Aufladung. Befinden sich in Weichspülern
und Wollwaschmitteln.
Sehr wichtig bei der Desinfektion)

Das vier Farbensystem

Um die Hygiene bei der Reinigung zu gewährleisten, wurde
ein Farbensystem für die zu reinigenden Bereiche eingeführt.
Verwendet werden die vier gut zu unterscheidenden Farben
rot, grün, blau und gelb. Jede Farbe steht für einen Bereich. So
wird vermieden, dass ein Tuch, mit dem vorher die Toilette
gesäubert wurde, zum Abstauben eines Schreibtisches
verwendet wird und auf diesem Wege Keime von der Toilette
auf Einrichtungsgegenstände übertragen werden.

Rot	WC-, Pissoir und Pissoirtrennwände, Fliesen im umgebenden Bereich und Bidet.
Gelb	Alle anderen Gegenstände in Nassbereichen, wie: Waschbecken, Fliesen, Armaturen, Türen etc.
Blau	Alle Einrichtungsgegenstände, wie z.B.: Türen, Schreibtische, Schränke etc.

| Grün | Wird nur im Küchenbereich verwendet. |

Es gibt auch eine neue Farbe, die im Bereich der Desinfektion eingesetzt wird.

| Weiss | Wird für die Desinfektion verwendet. |

> „Es ist wichtig, die Verunreinigung so zu entfernen, dass die Oberfläche nicht beschädigt wird"

Der Sinner'scher-Kreis

Bevor wir über pH-Wert sprechen, möchte ich Ihnen etwas über den Sinner'scher-Kreis beibringen.

Dieses einfache System soll uns bei der Lösung unserer Reinigungsaufgaben helfen. Im Sinner'scher Kreis gibt es vier Parameter: Mechanik, Chemie, Temperatur und Zeit, die bei richtiger Kombination zu einem perfekten Ergebnis führen.

Wenn wir beispielsweise sehr aggressive Reinigungschemikalien verwenden, müssen wir weniger Zeit, Temperatur und Mechanik anwenden.

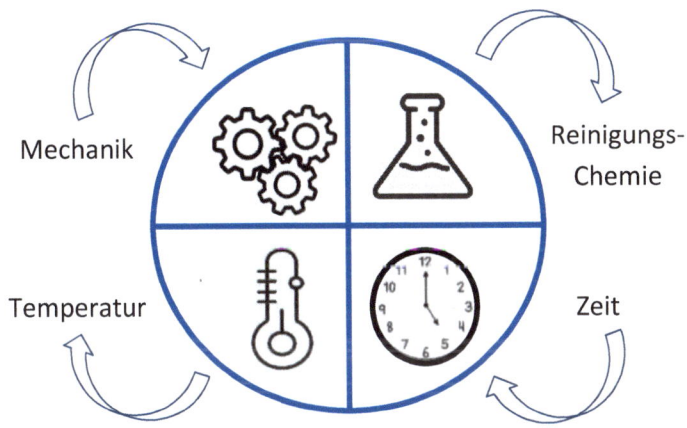

Der pH-Wert

Der pH-Wert (oder Potenzial der Hydronium- Ionen Konzentration) ist eine Maßzahl, welche die Eigenschaften einer wässrigen Lösung bestimmt. Dank dieser Maßzahl kann man wissen, ob eine Lösung sauer, neutral oder alkalisch ist, um damit ein Reinigungsmittel richtig und effizient einsetzen zu können.

Maßzahl

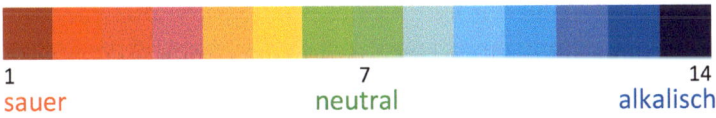

1	7	14
sauer	neutral	alkalisch

Beispiel:

Ein Reinigungsmittel mit pH-Wert 2 ist eine starke Säure aber, wenn diese Säure einen pH-Wert von 1 hat, bedeutet das, dass es 10-mal stärker als 2 ist.

Also:

1 ist 10-mal stärker al 2 und 2 ist 10-mal stärker als 3 usw.

> Chemisch gesehen kann ein Wert
> zwischen 6,99 und 7,01 als neutral
> bezeichnet werden.

Ein Reinigungsmittel mit pH-Wert 13 ist eine starke Lauge aber, wenn diese Lauge einen pH-Wert von 12 hat, bedeutet das, dass es 10-mal schwächer als 13 ist.

Also:

12 ist 10-mal schwächer als 13 und 13 ist 10-mal schwächer als 14 usw.
Je niedriger unsere Zahl ist, desto saurer wird unsere Lösung sein. Das lässt sich auch umgekehrt anwenden. Je größer unsere Zahl ist, desto alkalischer wird unsere Lösung sein.

Von 6,99 bis 7,01 ist sie neutral (chemisch betrachtet)

Lassen Sie uns nun das Feld der Desinfektion betreten

In der Zeit in der wir leben voller Bakterien, Krankheiten und neuer Viren mit ihren jeweiligen Mutationen, ist es äußerst wichtig, dass wir ernsthaft darauf achten, etwas über die Desinfektion verschiedener Materialien und Oberflächen zu lernen.

Desinfektion ist die Abtötung oder Reduzierung von krankheitserregenden Keimen auf eine zählbare Menge, zum Beispiel: Bakterien, Pilze, Viren und Parasiten.

An dieser Stelle müssen wir berücksichtigen, dass mit einem Desinfektionsverfahren in jedem Fall nur bis eine 99%ige Reduktion von Bakterien erreicht wird. Um eine 100%ige Desinfektion zu erreichen, muss man auf eine "Sterilisation" zurückgreifen.

Das richtige Händewaschen nach jeder öffentlicher oder privaten Toilettennutzung ist ein wichtiger Schritt, um die Ausbreitung von Keimen und Bakterien zu verringern zum Beispiel.

> "Es gibt keine Desinfektion ohne vorherige Reinigung und keine Reinigung ohne Reinigungschemie"

Ein **M**ethicillin **r**esistenter **S**taphylococcus **a**ureus, ist ein Bakterium, eine Variante des Staphylococcus aureus Bakteriums. Durchschnittlich 30% der Bevölkerung tragen diese Bakterien regelmäßig in der Nase und auf der Haut. Das muss kein einziges Symptom verursachen. Gesunde Menschen werden von diesen Bakterien auch nicht krank.

Bei Menschen mit einem schwachen Immunsystem jedoch kann MRSA Infektionen verursachen, die ein Geschwür entstehen lassen oder auch zu Blutvergiftungen und Lungenentzündungen führen können. Letzteres kommt glücklicherweise und Dank Desinfektion nicht oft vor.

Hier, drei Desinfektionswirkstoffe Beispiele

- Chlor. (Die Desinfektionswirkung beruht auf der Durchdringung und Degenerierung von Zellmembranen

und der Störung oder Unterbrechung des Stoffwechsels der Mikroorganismen)
- Quaternäre Ammoniumverbindungen. (Sind organische Ammoniumverbindungen, bei denen alle vier Valenzen eines Stickstoffatoms organisch gebunden sind. Es handelt sich somit um Salze.)
- Alkohol. (organische Verbindung mit einer oder mehreren Hydroxylgruppen)

> „Erinnern Sie sich, welche der vier Tensidarten bei der Desinfektion eine sehr wichtige Rolle spielt? Genau! Die Tenside, die eine positive Ladung haben!"

Hygienebereiche, in denen eine Desinfektion notwendig ist:

- Küchenbereiche
- Krankenhäuser
- Laborbereiche
- Lebensmittelbereiche

Reinigungsverfahren für verschiedene Oberflächen

Fliesen

Fliesen sind kleine Platten, um in der Regel Fußböden oder Wände zu ebnen.

Es gibt drei Arten von Fliesen

Steingut (nimmt viel Wasser auf) z.B.: Terrakotta

18

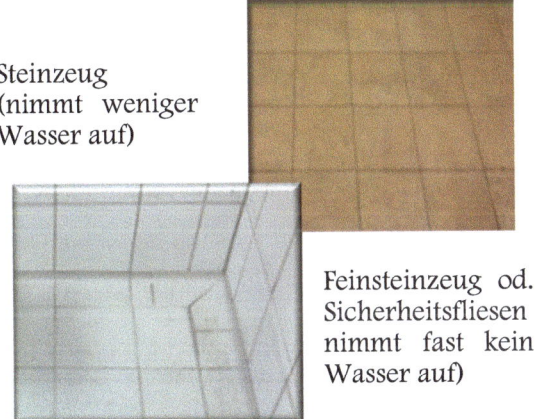

Steinzeug
(nimmt weniger
Wasser auf)

Feinsteinzeug od.
Sicherheitsfliesen
nimmt fast kein
Wasser auf)

Welche Art von Reinigungschemie brauchen wir für?

<u>Steingut, Steinzeug und Feinsteinzeug:</u>

- Saure Reiniger
- Alkalische Reiniger
- Neutrale Reiniger
- Lösungsmittel
- Oxidative Reiniger (z.B.: Chlorbleichlauge)
- Dispersionen, Emulsionen
- Imprägnierungen
- Wasser

Welche Werkzeuge?

- rotes Pad / Mikrofaserpad / Melaminharzpad
- Mopp
- Einscheibenmaschine

19

Was für ein Reinigungsverfahren?

Feinsteinzeug (Sicherheitsfliesen - Nassgrundreinigung) mit Alkalien

Zuerst bitte alle Arbeitsgeräte, Reinigungschemie, usw. auf einer Fußmatte vor der Tür platzieren, damit alles problemlos und rasch zur Verfügung steht.

1. Prüf- und Hinweispflicht (auf Schäden oder Verfärbungen überprüfen und melden)
2. Alle Möbel entfernen (Oberfläche freihalten)
3. Grobschmutz entfernen (Kehren)
4. Abkleben (Sockel vor Kontakt mit den Arbeitsgeräten schützen)
5. Reinigungslösung mit einem Mopp verteilen (auf Mischungsverhältnis achten!).
6. Mit einer Einscheibenmaschine mit Melaminharzpad oder Mikrofaserpad den Boden bearbeiten.
7. Schmutzflotte mit einem Nasssauger aufsaugen
8. Anschließend mit einem Mopp nochmal alles nasswischen, dann mit einem Nasssauger gut aufsaugen (Neutralisieren)
9. Danach mit einem Mikrofasermopp und mit Alkoholreiniger nachwischen.
10. Alle Möbel zurückstellen (laut Foto oder Skizze)
11. Dokumentieren (Fotos von der gereinigten Oberfläche machen)

Feinsteinzeug (Sicherheitsfliesen - Nassgrundreinigung) mit Säuren und Alkalien

Mit einer sauren Lösung wird die Kalkschicht entfernt und mit der alkalischen Lösung der Schmutz.

1. Prüf- und Hinweispflicht (auf Schäden oder Verfärbungen überprüfen und melden)
2. Alle Möbel entfernen (Oberfläche freihalten)

3. Grobschmutz entfernen (Kehren)
4. Abkleben (Sockel vor Kontakt mit den Arbeitsgeräten schützen)
5. Fugen vornässen
6. Reinigungslösung (Säure) mit einem Mopp verteilen (auf Mischungsverhältnis achten!).
7. Mit einer Einscheibenmaschine mit Melaminharzpad oder Mikrofaserpad den Boden bearbeiten.
8. Schmutzflotte mit einem Nasssauger aufsaugen
9. Neutralisieren
10. Reinigungslösung (alkalisch) mit einem Mopp verteilen (auf Mischungsverhältnis achten!).
11. Mit einer Einscheibenmaschine mit Melaminharzpad oder Mikrofaserpad den Boden bearbeiten.
12. Schmutzflotte mit einem Nasssauger aufsaugen
13. Anschließend mit einem Mopp nochmal alles nasswischen und mit einem Nasssauger gut aufsaugen.
14. Danach mit einem Mikrofasermopp und mit Alkoholreiniger nachwischen.
15. Alle Möbel zurückstellen (laut Foto oder Skizze)
16. Dokumentieren (Fotos von der gereinigten Oberfläche machen)

Unterhaltsreinigung (Steingut - Steinzeug - Feinsteinzeug)

Für die Unterhaltsreinigung ist es am besten einen Mikrofasermopp oder ein Mikrofaserpad bzw. einen Alkoholreiniger oder einen Tensid-freien Reiniger zu verwenden.

Glas

Glas ist ein sehr hartes Material, aber gleichzeitig auch sehr instabil. Glas ist ein anorganisches Schmelzprodukt aus:
• 73% Quarzsand*

- 13% Soda*
- 10% Kalk*
- 4% Andere Elemente z.B. Farbstoff*

* Prozentangaben können je nach Hersteller und Glasart variieren

 **E**inscheiben**S**icherheits**G**las

Welche Reinigungschemie?

- Glasreiniger
- Allzweckreiniger
- Wasser

Welche Werkzeuge?

- Abzieher
- Einwascher
- Teleskopstange
- Klinge
- Schwamm
- Ledertuch / Mikrofasertuch
- Kübel

Was für ein Reinigungsverfahren?

Zuerst bitte alle Arbeitsgeräte, Reinigungschemie, usw. auf einer Fußmatte platzieren, damit alles problemlos und rasch zur Verfügung steht.

Glasreinigung mit Stock und Rahmen.

1. Glasoberfläche auf mögliche Schäden überprüfen (falls welche vorhanden sind, diese umgehend und vor der Reinigung melden)
2. Rahmen innen und außen mit Hilfe eines Schwammes reinigen (inzwischen Glasscheibe mit einem Einwascher einwaschen)
3. Rahmen noch einmal (innen, außen, Griffe, Beschläge) mit Hilfe eines Schwammes reinigen.
4. Rahmen mit einem Tuch trockenwischen, besonders die Falze zum Glas.
5. Glasscheibe einwaschen.
6. Glas mit dem Abzieher von oben nach unten „achtförmig" abziehen.
7. Mithilfe eines Ledertuchs Ränder trockenwischen
8. Bei fest anhaftenden Verschmutzungen, Glasscheibe wieder einwaschen und mit einer Klinge oder Glashobel entfernen (nie auf einer trockenen Glasoberfläche mit dem Glashobel arbeiten!)
9. Schritt Nummer 6 wiederholen
10. Schmutzreste auf Fensterbank entfernen.

Glasreinigungsset

23

Elastische Bodenbeläge

Gummi-(Kautschuk-)

Kautschuk ist eine weiße Flüssigkeit, die aus dem Kautschukbaum gewonnen wird. Der Kautschuk ist ein Sammelbegriff für elastische Polymere, aus denen Gummi hergestellt wird. Kautschuk kann vulkanisiert, unvulkanisiert oder vorvulkanisiert sein.

Eigenschaften

* Geringer Reinigungsaufwand; Ausnahme: Noppenbeläge
* Zweckmäßig geplante Schmutzschleusen reduzieren den Reinigungsaufwand beträchtlich und die regelmäßige Entfernung von losem Schmutz erhöht die Lebensdauer.
* Bodenbeläge aus Gummi benötigen keine Grundbehandlung mit Pflegeprodukten oder Acryldispersionen.
* Die Reinigung kann durch Trockensaugen oder Nassreinigen (Einscheibenmaschine) durchgeführt werden.
* Dabei sind pH-neutrale Seifenreiniger oder Laugen bis maximal pH-Wert 10,5 zu verwenden.
* Reiben oder Scheuern mit scharfen und harten Gegenständen, wie z.B. Stahlwolle oder harten Nylonbürsten, kann die Belagsoberfläche beschädigen.
* Die Unterhaltsreinigung von Gummi-Bodenbelägen ist wenig umweltbelastend. Allerdings kann die Oberfläche nicht durch Schleifen erneuert werden.

Welche Reinigungschemie?

* Allzweckreiniger

- Wischpflegemittel
- Desinfektionsmittel
- Spraycleaner
- Grundreiniger bis pH-Wert 10,5
- Kunststoffdispersion (nur bei unprofilierten Belägen)

Kautschuk Belag

Welche Werkzeuge?

- Beschichtungsset
- Besen
- Mopp
- Superpad weiß bis blau
- Mikrofaserpad
- Melaminharzpad

Unterhaltsreinigung

Zuerst bitte alle Arbeitsgeräte, Reinigungschemie, usw. auf einer Fußmatte vor der Tür platzieren, damit alles problemlos und rasch zur Verfügung steht.

- Kehren

- Bürstensaugen
- Feuchtwischen
- Nasswischen mit und ohne Wischpflegemittel Zwischenreinigung – Cleanern

1. Prüf- und Hinweispflicht (auf Schäden überprüfen und melden)
2. Dokumentieren (Fotos oder Skizzen von der zu reinigenden Oberfläche)
3. Alle Möbel entfernen (Oberfläche freihalten)
4. Grobschmutz entfernen (Kehren)
5. Reinigungslösung (mit oder ohne Pflegeanteil) wird hier nur vorgesprüht
6. Mit einer Einscheibenmaschine und rotem Pad dem Boden bearbeiten. (Die angelöste Verschmutzungen werden von der Padscheibe aufgenommen).
7. Anschließend mit einem Mopp und klarem Wasser alles nachwischen (gut trocknen lassen!)

Grundreinigung (Nassgrundreinigung)

- Mit Superpad weiß bis blau
- Reinigungsmittel mit einem pH-Wert von bis zu 10,5
- Beschichtungsmittel
- Dispersionen, Emulsionen, etc. nur mit geeigneten Produkten nach Angaben des Herstellers (nur bei unprofilierten Belägen)

1. Prüf- und Hinweispflicht (auf Schäden überprüfen und melden)
2. Dokumentieren (Fotos oder Skizzen von der zu reinigenden Oberfläche)
3. Alle Möbel entfernen (Oberfläche freihalten)
4. Grobschmutz entfernen (Kehren)
5. Abkleben (Sockel und empfindlichen Möbeln vor Kontakt mit den Arbeitsgeräten schützen)

6. Alkalische Lösung (pH-Wert bis maximal 10,5) mit einer Einscheibenmaschine und grünem Pad verteilen.
7. Während der Einwirkzeit (ca. 10 Minuten), Ecken und Kanten bearbeiten (mit Handpad)
8. Mit einer Einscheibenmaschine und mit einem grünen Pad den Boden schrubben (bis alle Schichten entfernt sind).
9. Schmutzflotte mit einem Nasssauger aufsaugen
10. Anschließend mit einem Mopp und klarem Wasser alles nachwischen (gut trocknen lassen!)
11. Beschichtung- bzw. Pflegemittel auftragen (je nach Herstellerangaben) gut trocknen lassen!
12. Alle Möbel hereinbringen (laut Foto oder Skizze)
13. Dokumentieren (Fotos von der gereinigten Oberfläche machen).

Linoleum

Wie erkennen wir einen Linoleum-Bodenbelag?

Damit Sie einen Linoleum-Bodenbelag als solchen erkennen können, ist eine Nadelprobe nötig. Dieser Test beinhaltet das Einfügen einer heißen Nadel an einer unauffälligen Stelle des Linoleum-Belags. Handelt es sich um Linoleum, entsteht bei dieser Nadelprobe ein Loch ohne Wulstbildung und ein Geruch von verbranntem Holz.

Welche Reinigungschemie?

- Allzweckreiniger
- Wischpflegemittel
- Desinfektionsmittel
- Spraycleaner
- Alkalische Grundreiniger mit einem pH-Wert bis maximal 10,5
- Wachsdispersion

Welche Werkzeuge?

- Einscheibenmaschine
- Grüne und rote Pads
- Nasssauger
- Mopp
- Besen
- Handpad
- Mikrofasertücher
- Beschichtungsset
- Fahreimer
- Wischtücher

Linoleum

Reinigungsmaßnahmen

Zuerst bitte alle Arbeitsgeräte, Reinigungschemie, usw. auf einer Fußmatte vor der Tür platzieren, damit alles problemlos und rasch zur Verfügung steht.

Unterhaltsreinigung

- Kehren
- Saugen
- Feuchtwischen
- Nasswischen mit und ohne Wischpflegemittel

Zwischenreinigung

Spraycleaner:

1. Prüf- und Hinweispflicht (auf Schäden überprüfen und melden)
2. Dokumentieren (Fotos oder Skizzen von der zu reinigenden Oberfläche)
3. Grobschmutz entfernen (Kehren)
4. Abkleben (Sockel und empfindliche Möbeln vor Kontakt mit den
5. Arbeitsgeräten schützen)
6. Den Sprühreiniger auf ca. 1 – 2 m² aufsprühen und mit der Einscheibenmaschine und einem blauen oder grünen Pad die alte Beschichtung bearbeiten.
7. Die Schmutzflöte absaugen. Die bereits bearbeitete Fläche feuchtwischen.
8. Neutralisieren
9. Mit einer geeigneten Polymerdispersion den Boden einpflegen.

Grundreinigungsverfahren

1. Prüf- und Hinweispflicht (auf Schäden überprüfen und melden)
2. Dokumentieren (Fotos oder Skizzen von der zu reinigenden Oberfläche)
3. Alle Möbel entfernen (Oberfläche freihalten)
4. Grobschmutz entfernen (Kehren)
5. Abkleben (Sockel und empfindliche Möbeln vor Kontakt mit den
6. Arbeitsgeräten schützen)
7. Alkalische Lösung (pH-Wert bis maximal 10,5) mit einer Einscheibenmaschine und grünem Pad verteilen.
8. Während der Einwirkzeit Ecken und Kanten bearbeiten (mit Handpad)
9. Mit einer Einscheibenmaschine und grünem Pad den Boden schrubben
10. Schmutzflotte mit einem Nasssauger aufsaugen
11. Überprüfen. Bei Glanzstellen die Punkte 6 und 8 wiederholen
12. Den Einscheibenmaschinentank auswaschen (mit reinem, sauberem Wasser auffüllen) und mit dem roten Pad den

Boden schrubben (neutralisieren) 12. Schmutzflotte aufsaugen

13. Anschließend mit einem Mopp alles nasswischen (gut trocknen lassen!)
14. Erste Beschichtung auftragen (mit einer geeigneten Polymerdispersion, trocknen lassen, mit Handrücken kontrollieren)
15. Mit der Einscheibenmaschine und rotem Pad den Boden schleifen
16. Staub feuchtwischen
17. Zweite Beschichtung auftragen (Trocknen lassen, mit Handrücken kontrollieren)
18. Alle Möbel hereinbringen (laut Foto oder Skizze)
19. Dokumentieren (Fotos von der gereinigten Oberfläche machen).

PVC Bodenbeläge

Wie erkennen wir einen PVC Bodenbelag?

Um einen PVC Bodenbeleg zu erkennen, ist eine Nadelprobe nötig. Bei diesem Test führen Sie eine heiße Nadel an einer unauffälligen Stelle des PVC Belags ein. Es entsteht ein Loch mit Wulstbildung und ein scharfer, stechender Geruch (Chlorgas).

PVC Belag

Reinigungschemie

- Alkalische Lösung (pH-Wert zwischen 13 und 14)
- Geeignete Polymerdispersion, insbesondere bei den leitfähigen PVC Belägen
- Wasser

Welche Werkzeuge?

- Besen
- Einscheibenmaschine
- Braunes oder schwarzes Pad
- Handpad
- Mopp
- Nasssauger
- Fußmatte (für Chemie und Werkzeuge)

Unterhaltsreinigung

- Kehren
- Saugen
- Feuchtwischen
- Nasswischen mit oder ohne Wischpflegemittel

Zwischenreinigung

- Cleanern
- Beschichtungssanierung
- Trockene, mechanisch abrasive Bearbeitung der Oberfläche
- Absaugen oder staubbindendes Wischen (Nebelwischen)

Grundreinigung

- Nassscheuern
- Absaugen
- Nachwaschen mit reinem Wasser
- Beschichtung
- Mehrmaliges Beschichten mit einer Polymerdispersion

PVC-Grundreinigungsverfahren

Zuerst bitte alle Arbeitsgeräte, Reinigungschemie, Pad (braun) usw. auf einer Fußmatte vor der Tür platzieren, damit Ihnen alles problemlos und rasch zur Verfügung steht.

1. Prüf- und Hinweispflicht (auf Schäden, Blasenbildungen und / oder Verfärbungen überprüfen und melden)
2. Dokumentieren (Fotos oder Skizzen von der zu reinigenden Oberfläche)
3. Alle Möbel entfernen (Oberfläche freihalten)
4. Grobschmutz entfernen (Kehren)
5. Abkleben (Sockel und empfindliche Möbel vor Kontakt mit den Arbeitsgeräten schützen)
6. Alkalische Lösung (pH   Wert zwischen 13   bis 14) mit einer Einscheibenmaschine mit braunem Pad verteilen und einwirken lassen.
7. Während der Einwirkzeit Ecken und Kanten bearbeiten (mit Handpad)
8. Mit einer Einscheibenmaschine und braunem Pad den Boden schrubben
9. Schmutzflotte mit Nasssauger aufsaugen
10. Anschließend mit einem Mopp alles nasswischen und gut neutralisieren (trocknen lassen)
11. Erste und zweite Beschichtung auftragen (mit einer geeigneten Polymerdispersion, insbesondere bei leitfähigen PVC Belägen, trocknen lassen, mit Handrücken kontrollieren)
12. Alle Möbel zurückstellen (laut Foto oder Skizze)
13. Dokumentieren (Fotos von den gereinigten Oberflächen machen).

> „Bei den PVC-Bodenbelägen können Allzweckreiniger, Wischpflegemittel, Desinfektionsmittel, Spraycleaner, alkalische Grundreiniger und Kunststoffdispersionen eingesetzt werden"

Großküchen und Krankenhäuserreinigung

Um Mikroorganismen, die gesundheitsschädlich sein können, zu bekämpfen, müssen Sie die Grundlagen der Hygiene und Mikrobiologie kennen.

Es gibt vier Arten von Mikroorganismen, wie Bakterien, Pilze, Viren und Parasiten. Diese Keime teilen sich in zwei Gruppen: die „nützlichen" Mikroorganismen (leben mit und manche in uns) und die „gefährlichen" oder pathogenen Mikroorganismen (die uns krank machen). Deshalb ist dieses Kapitel sehr wichtig!

Bei der Arbeit in Großküchen, in der Lebensmittelindustrie, in Spitälern oder Krankenhäusern ist die Hand- und Gerätedesinfektion äußerst wichtig, denn nur so wird der Abtransport von Keimen verhindert.

Desinfektion ist die Abtötung von krankheitserregenden Keimen.

Was ist ein MRSA? (Krankenhausreinigung)

MRSA ist die Abkürzung für **M**ethicillin **r**esistenter **S**taphylococcus **a**ureus. Diese Bakterien sind eine Variante des Staphylococcus aureus Bakteriums. Durchschnittlich 30% der Bevölkerung tragen diese Bakterien regelmäßig in der Nase und auf der Haut. Das muss kein einziges Symptom verursachen. Gesunde Menschen werden von diesen Bakterien auch nicht wirklich krank. Bei Menschen mit einem schwachen Immunsystem jedoch kann MRSA Infektionen verursachen, die ein Geschwür entstehen lassen oder auch zu Blutvergiftungen und Lungenentzündungen führen können. Letzteres kommt glücklicherweise nicht oft vor.

Maßnahmen

Ziel: Verhinderung einer Übertragung

- Sobald ein MRSA nachgewiesen ist, wird das Krankenhaus-Hygieneteam informiert.
- Umgehend wird die betroffene Station von der Hygienefachkraft besucht
- Die Maßnahmen werden vor Ort besprochen
- Isolation des Patienten
- Handhygiene und Handdesinfektion nach jedem Patientenkontakt und Ablegen von Handschuhen
- Tragen von Handschuhen, Schutzkittel, OP-Gesichtsmaske
- Die Reinigungsgeräte werden sonst nirgends anderweitig verwendet
- Flächendesinfektion erforderlich
- Die Reinigung und Desinfektion werden immer am Schluss der Tagesreinigung durchgeführt.

Hygienegruppen in den Krankenhäusern:

Hygienegruppe 1	Höchste hygienische Anforderungen (Op. Räume–Sterilisation)
Hygienegruppe 2	Hohe hygienische Anforderungen (Krankenzimmer)
Hygienegruppe 3	Geringe hygienische Anforderungen (normale Reinigung)

Welche Fehler können bei der Desinfektion auftreten?

Eiweißfehler

Entsteht durch eine nicht gut durchgeführte Reinigung, wenn Bakterien in der Eiweißhülle eingebettet sind und der Desinfektionswirkstoff nicht bis zum Mikroorganismus vordringen kann.

Seifenfehler

Entsteht, wenn zwischen der Reinigung und der Desinfektion kein Spülvorgang durchgeführt wurde und sich die unterschiedlichen Tenside gegenseitig neutralisieren. Kationische Tenside (+) reagieren mit anionischen (-) Tensiden und ergeben ein wasserunlösliches Riesenmolekül. Die Reinigungs- und Desinfektionsleistung geht verloren.

HACCP (Großküchenreinigung)

Steht für **H**azard **A**nalysis and **C**ritical **C**ontrol **P**oints. Übersetzt spricht man von *Gefahren analysieren und kritische Kontrollpunkte festlegen*. Auf dieser Seite erfahren Sie, was HACCP genau ist und wie es funktioniert.

Beispiel eines HACCP-Reinigungsablaufs

1. Alle Lebensmittel aus dem zu reinigenden Bereich entfernen.
2. Grobverschmutzung (Lebensmittelreste) entfernen.
3. Gitterabdeckungen von Abläufen entfernen und reinigen.
4. Abfall und Müll entsorgen.
5. Mit heißem Wasser alles vornässen.
6. Alkalische Reinigungslösung richtig dosieren und mit Hilfe eines Schaumautomaten anwenden.
7. Die eingesetzte Chemie mechanisch unterstützen (schrubben)
8. Die gereinigten Oberflächen mit klarem Wasser abspülen.
9. Flüssigkeit von zu desinfizierenden Flächen entfernen.
10. Desinfektionslösung auftragen.
11. Die desinfizierte Fläche nach der Einwirkzeit nachspülen.

Reinigungsablauf mit Säuren und Alkalien

Mit einer sauren Lösung wird die Kalkschicht entfernt und mit der alkalischen Lösung der Schmutz.

Feinsteinzeug (Sicherheitsfliesen)

1. Prüf- und Hinweispflicht (auf Schäden oder Verfärbungen überprüfen und melden)
2. Alle Möbel entfernen (Oberfläche freihalten)
3. Grobschmutz entfernen (Kehren)
4. Abkleben (Sockel vor Kontakt mit den Arbeitsgeräten schützen)
5. Fugen vornässen
6. Reinigungslösung (Säure) verteilen (auf Mischungsverhältnis achten!).
7. Mit einer Einscheibenmaschine mit Melaminharzpad oder Mikrofaserpad den Boden bearbeiten.
8. Schmutzflotte mit einem Nasssauger aufsaugen
9. Neutralisieren
10. Reinigungslösung (alkalisch) verteilen (auf Mischungsverhältnis achten!).
11. Mit einer Einscheibenmaschine mit Melaminharzpad oder Mikrofaserpad den Boden bearbeiten.
12. Schmutzflotte mit einem Nasssauger aufsaugen
13. Anschließend mit einem Mopp nochmal alles nasswischen und mit einem Nasssauger gut aufsaugen.
14. Danach mit einem Mikrofasermopp und mit Alkoholreiniger nachwischen.
15. Alle Möbel zurückstellen (laut Foto oder Skizze) Dokumentieren (Fotos von der gereinigten Oberfläche machen)

Notizen

Metallische Oberflächen

Als Metalle werden chemische Elemente, deren Atome sich untereinander zu einer Kristallstruktur mit freien Elektronen verbinden, bezeichnet. Damit sind etwa 80% der chemischen Elemente Metalle. Aus den metallischen Bindungen lassen sich Eigenschaften, wie die elektrische Leitfähigkeit und Wärmefähigkeit erklären.

Die Einteilung von Metallen ist wie folgt:

a. Edelmetalle (z.B. Gold oder Platin), diese Metalle verbinden sich **nicht** mit Sauerstoff, d.h. sie oxidieren nicht.
b. Halbedelmetalle (z.B. Kupfer oder Silber), diese Metalle verbinden sich langsam mit Sauerstoff, d.h. sie oxidieren sehr langsam.
c. Unedelmetalle (z.B. Eisen, Nickel oder Zink), diese Metalle verbinden sich sehr leicht mit Sauerstoff, d.h. sie oxidieren sehr schnell.

Leichtmetalle (z.B. Aluminium), als Leichtmetalle werden Metalle bezeichnet, deren Dichte unter 4,5 g/cm³ liegt. Die positiven Eigenschaften der Metalle, welche eine geringe Dichte aufweisen, sind eine gute Verformbarkeit, Wasserbeständigkeit sowie Korrosionsbeständigkeit.

Lüftungsgitter aus   Aluminium
Aluminium eloxiert   pulverbeschichtet

Kupfer, Bronze und Messing

Reinigungschemie und Pflege

- Ohne Oberflächenbehandlung wird mit salmiakhaltigem Reiniger (z.B. Ammoniakwasser) mit Schleifmittelzusatz (z.B. Scheuerpulver) gereinigt.
- Kupfer darf nie in Kontakt mit Essigsäure kommen! Daraus entsteht giftiger Grünspan.

Eisen und Stahl

- Mit lösemittelhaltigen Produkten, keine wasserlöslichen Reiniger, wie Säuren oder Alkalien, da es sonst oxidiert.

Eloxiertes Aluminium und galvanisierte Metalle

- Eine Politur mit feinem Schleifmittel (z.B. Kreide) wird aufgetragen und nach dem Trocknen mit einem weichen Tuch poliert.

Parkett-, Holz- und Laminat Beläge

Am österreichischen Markt werden Sie verschiedene Holz-, Laminat- und Parkettarten finden.

Holzarten aus Österreich: Esche, Buche, Kiefer, Eiche, Nussbaum, Ahorn.

Exotische Holzarten: Teak, Mahagoni, Wenige, Merbau.

Parkettarten: Mosaikparkett, Stabparkett, Holzstöckelpflaster, Fertigparkett u.v.m.

Parkettboden
lackiert

 Geöltes Parkett

Reinigungschemie und Pflegemitteln

- Wachse (Synthetische-, halbsynthetische- oder natürliche Wachse)
- Öle (Leinöl, Holzöl oder modifizierte natürliche Öle, z.B. Soja oder Sonnenblumenöl)
- Lacke
- Wischpflegemittel
- Kombinierte Materialien, z.B.: Polymere bzw. Polymere Dispersionen

Welche Werkzeuge?

Für Unterhaltsreinigung:

- Flaumen od. Besen
- Pads weiß bis rot
- Mopp
- Staubsauger mit Parkettdüse
- Mikrofasertücher

Für Grundreinigung:

- Einscheibenmaschine
- Rotes Pad
- Mopp
- Nasssauger

Für das Schleifen von Holzböden:

- Schleifmaschine
- Staubsauger mit Parkettdüse

Oberflächenbehandlung:

Zuerst bitte alle Arbeitsgeräte, Reinigungschemie, usw. auf einer Fußmatte vor der Tür platzieren, damit alles problemlos und rasch zur Verfügung steht.

Unbehandelte Holzböden

Haben eine natürliche Optik und sind sehr empfindlich. Diese Art von Böden können (wegen der großen Anzahl von Beschädigungen) in mehreren Schleifgängen geschliffen und trocken gereinigt werden, z.B. durch Kehren oder Saugen mit einem Staubsauger und Parkettdüse.

Unterhaltsreinigung

* Grobschmutz entfernen
* Kehren oder mit einem Staubsauger mit Parkettdüse saugen.

Versiegelte oder lackierte Holzböden

haben einen hohen Glanz und sind leicht zu pflegen. Diese Art von Böden können durch nebelfeuchtes Wischen mit Vliestuch, Gaze-Tuch oder Mikrofasertuch gereinigt werden. Staub kann durch Kehren, Saugen, Flaumen oder mit Öltüchern entfernt werden. Versiegelte od. lackierte Holzböden können mittels einer geeigneten Polymerdispersion beschichtet werden.

Da Lack eine komplett andere Oberfläche bildet als Öl, sollte das Reinigungsmittel Ihrer Wahl nicht zu aggressiv sein, da sonst der Lack beschädigt oder stumpf wird.

Unterhaltsreinigung

1. Grobschmutz entfernen
2. Kehren oder mit einem Staubsauger mit Parkettdüse saugen
3. Die gesamte Fläche mit geeigneter Reinigungschemie (z.B. Alkoholreiniger mit pH-Wert 6 bis 8) nebelfeucht wischen.
4. Trocknen lassen
5. Mit einer geeigneten Polymerdispersion die gesamte Fläche mit „achtförmigen" Bewegungen beschichten.

> **Achtung! da die Polymerdispersionen relativ schnell trocknen, muss dieser Arbeitsschritt von derselben Person mit gleichmäßiger Geschwindigkeit erledigt werden.**

Zwischenreinigung

1. Grobschmutz entfernen
2. Kehren oder mit einem Staubsauger mit Parkettdüse saugen
3. Mit Spray-Cleaner im High-Speed-Verfahren
4. Mit Intensivreiniger mit pH-Wert 10, nur im Sprühverfahren.

Grundreinigung

1. Prüf- und Hinweispflicht (auf Schäden überprüfen und melden)
2. Dokumentieren (Fotos oder Skizzen von der zu reinigenden Oberfläche)
3. Alle Möbel entfernen (Oberfläche freihalten)
4. Grobschmutz entfernen (Kehren)
5. Kehren oder mit einem Staubsauger mit Parkettdüse saugen
6. Mit Parkettgrundreiniger auf Lösungsmittelbasis und einer Einscheibenmaschine mit rotem Pad reinigen.
7. Feuchtwischen
8. Anschließend mit High-Speed-Polieren mit Sprayemulsion.
9. Alle Möbel hereinbringen (laut Foto oder Skizze)

10. Dokumentieren (Fotos von der gereinigten Oberfläche machen)

Geölte Holzböden

Haben eine sehr intensive Farbe und sind sehr widerstandsfähig, auch gegen Nässe. Diese Art von Böden kann durch nebelfeuchtes Wischen, Nasswischen oder maschineller Reinigung gereinigt werden. Staub kann durch Kehren, Saugen, Flaumen oder mit Öltüchern beseitigt werden.

Unterhaltsreinigung

1. Grobschmutz entfernen (Kehren)
2. Kehren oder mit einem Staubsauger mit Parkettdüse saugen
3. Die gesamte Fläche mit einem Wischpflegeprodukt (pH-Wert 6 bis 8) durch nebelfeuchtes Wischen mit Vliestuch oder Gaze-Tuch reinigen. Nasswischen einstufig auch möglich.
4. Trocknen lassen.

Zwischenreinigung

1. Grobschmutz entfernen
2. Kehren oder mit einem Staubsauger mit Parkettdüse saugen
3. Die gesamte Fläche mit einem passenden Wachs/Öl-Cleaner im Cleanerverfahren oder mit einem Intensivreiniger (pH-Wert 10) nur im Sprühverfahren.
4. Trocknen lassen.

Grundreinigung

1. Prüf- und Hinweispflicht (auf Schäden überprüfen und melden)
2. Dokumentieren (Fotos oder Skizzen von der zu reinigenden Oberfläche)

3. Alle Möbel entfernen (Oberfläche freihalten)
4. Grobschmutz entfernen (Kehren)
5. Kehren oder mit einem Staubsauger mit Parkettdüse saugen
6. Die gesamte Fläche mit geeigneter Reinigungschemie (z.B. Intensivreiniger zur Grundreinigung von natürlich geölten Holzböden oder Parkettgrundreiniger auf Lösungsmittelbasis) und einer Einscheibenmaschine mit rotem Pad reinigen.
7. Nasssaugen
8. Neutralisieren und noch einmal nasssaugen
9. Trocknen lassen
10. Mit einem geeigneten Pflegemittel auf Öl- oder Wachsbasis die gesamte Fläche mit „achtförmigen" Bewegungen nachpflegen.
11. Trocknen lassen.
12. Alle Möbel hereinbringen (laut Foto oder Skizze)
13. Dokumentieren (Fotos von der gereinigten Oberfläche machen)

> Geölte Parkettböden kann man nicht versiegeln, weil der Siegellack durch das im Holz verbleibende Öl keine Haftung erhält.

Laminatböden

Laminat ist ein Produkt, das aus zwei oder mehreren flächig miteinander verklebten Schichten besteht und ausfolgenden Bestandteilen zusammengesetzt ist: Melamin-getränktes Overlay, Melaminharz getränktes Dekorpapier, Trägerteil aus Kork oder Pressspanholz als Gegenzugmaterial.

Da Laminat Beläge sehr Wasser empfindlich sind, darf diese Art von Boden nie nass gewischt, sondern nebelfeucht und nur mit einem Alkohol- oder tensidfreien Reiniger, pH-Wert von 6 bis 10, gereinigt werden.

Unterhaltsreinigung

1. Grobschmutz entfernen
2. Kehren oder mit einem Staubsauger mit Parkettdüse saugen
3. Die gesamte Fläche mit einem Alkoholreiniger, Tensid freiem Reiniger, (pH-Wert 6 bis 10 ohne Pflegestoffe) durch nebelfeuchtes Wischen mit Vliestuch oder Gaze-Tuch.
4. Trocknen lassen.

Grund- oder Zwischenreinigung

1. Grobschmutz entfernen
2. Kehren oder mit einem Staubsauger mit Parkettdüse saugen
3. Die gesamte Fläche mit geeigneter Reinigungschemie (z.B. Parkettgrundreiniger auf Lösungsmittelbasis oder Tensid freiem Reiniger, pH-Wert 10) und einer Einscheibenmaschine mit rotem Pad reinigen.
4. Nebelfeucht wischen (NIE nasswischen, nassgrundreinigen oder beschichten)
5. Trocknen lassen.
6. Bei Bedarf mit einer geeigneten Polymerdispersion nachpflegen.

Sanitärbereiche:

Reinigungschemie:

- Sanitärreiniger und oder Sanitärgrundreiniger (Saure Reiniger)
- Glasreiniger
- Wasser

Welche Werkzeuge?

- Roter Eimer (nur für WC-, Pissoir- und Bidet)
- Rotes Tuch (nur für WC-, Pissoir- und Bidet)
- Gelbes Tuch (für alle anderen Nassbereiche, z.B.: Wände, Duschkabinen, Waschbecken, Türen, Spiegel)

- Handschuhe
- Mopp
- Doppelfahreimer
- WC-Bürste

Verschmutzungen, die sich mit säurehaltigen Reinigungsmittel entfernen lassen:

- Kalk & Kalkseife
- Rost
- Zementschleier
- Braun und Manganstein
- Urinstein
- Pilze und Algen

Reinigungsverfahren

Für WC-, Pissoir-, Pissoir Trennwände und Bidet:

Oberflächen mit säurehaltigem Reiniger (innen und außen) abspritzen und ca. drei Minuten einwirken lassen.

1. Mit einer WC-Bürste den WC Innenbereich reinigen, gut schrubben.
2. Mit dem roten Tuch, Pissoir, Pissoir-Trennwände und Bidet gut reinigen.
3. Roten Eimer mit reinem Wasser vorbereiten, mit befeuchteten rotem Tuch WC Brille gut neutralisieren.
4. Urinspuren von Fliesen mit sauren Reinigern entfernen.

Für alle anderen Nassbereiche, z.B.: Wände, Duschkabinen od. Badewannen, Waschbecken, Türen:

1. Oberflächen mit säurehaltigem Reiniger abspritzen und ca. drei Minuten einwirken lassen.
2. Mit dem gelben Tuch, Wände, Duschkabinen od. Badewannen (Kalkseifenspritzer), Waschbecken und Türen gut reinigen.

3. Danach Waschbecken mit dem gelben Tuch und reinem Wasser neutralisieren.
4. Lichtschalter, Türgriffe, Spender, Griff-, Seifen- oder Spritzspuren auf Gläsern oder Spiegeln mit dem gelben Tuch und einem neutralen Reiniger entfernen.
5. Den gesamten Bodenbereich mit einer neutralen oder einer Reinigungslösung auf Alkoholbasis und Mopp gut reinigen. Trocknen lassen.

> Da die meisten WC- Armaturen aus Legierungen gemacht sind, bitte keine Essigsäure verwenden, um sie nicht zu beschädigen.

Sicherheitsvorkehrungen

Das Ziel bei diesem Punkt ist, den verantwortungsbewussten Umgang mit Chemikalien und den Schutz von Menschen und unserer Umwelt zu erhöhen.

An erste Stelle steht der Schutz von Menschen am Arbeitsplatz. Dafür wurden verschiedene persönliche Schutzausrüstungen entwickelt.

z.B.:

Atemschutz: Schutzmaske, um die Atemwege von schädlichen Gerüchen zu schützen. Diese Masken haben einen Filter, der je nach Stärke einer Chemikalie angewendet werden muss.

Datenblätter: Sie enthalten alle möglichen Informationen über das chemische Produkt.

Fallschutzgurte: Sicherheitsgurte für die Arbeit bei der Fassadenreinigung.

Gehör- bzw. Kapselgehörschutz: Um das Gehör von zu lauten Geräuschen zu schützen.

Handschuhe: Zum Schutz der Hände, diese können aus Leder, Latex oder Nitrilkautschuk sein.

Helme bzw. Industrieschutzhelme: Schutzausrüstung, um den Kopf zu schützen. Diese Ausrüstungen können eine durchsichtige Maske haben. Auf diesem Weg werden nun der Kopf und das Gesicht geschützt.

Schutzanzüge (PSA): aus Kunststoff für den HACCP und aus Stoff für die Reinigung in Reinräumen gemacht.

Schutzbrille: Schütz die Augen. Die Schutzbrille ist durchsichtig und ohne Dioptrien.

Sicherheitsschuhe: Diese sind aus Leder oder Gummi und mit einer ölbeständigen Sohle ausgestattet.

Sicherheitsschilder: Kennzeichnungen, um Gefahren und Toxizitäten vorzubeugen.

Steine

Ein Stein ist ein kompaktes Objekt aus Mineralien, ein „Gemenge von Mineralien" (z.B. Feldspat, Quarz und Glimmer).

Gruppen

Es gibt zwei Gruppen von Gesteinen:

1. Natursteine
2. Kunststeine

Reinigungsverfahren

Zuerst bitte alle Arbeitsgeräte, Reinigungschemie, Pad (blau) usw. auf einer Fußmatte vor der Tür platzieren, damit Ihnen alles problemlos und rasch zur Verfügung steht.

Natur-oder Kunststeinoberflächen säurebeständig mit polierter Oberfläche:

Wichtig ist vorher zu erkennen, ob es sich um eine säurebeständige (*kein Kalk in sich*) polierte Oberfläche handelt. Dann:

1. Grobschmutz kann durch Kehren entfernt werden
2. Mörtel oder Gipsreste dürfen mechanisch mit Hilfe einer Spachtel (langsam und vorsichtig) und maximal blauem Pad entfernt werden. (härtere Pads können die Oberfläche beschädigen)
3. Lacke und Reste von Farben dürfen mit einem wasserunlöslichen Lösungsmittel entfernt werden.
4. Ein Zementschleier kann ohne weiteres mit einem säurehaltigen Reiniger beseitigt werden. Nachher bitte gut mit viel Wasser nachspülen und rasch absaugen!

Natur-oder Kunststeinoberflächen säurebeständig mit rauer Oberfläche

Pflege- und Reinigungsverfahren

Wenn es sich um eine säurebeständige (*kein Kalk in sich*) raue Oberfläche handelt. Dann:

1. Grobschmutz kann auch durch Kehren entfernt werden.
2. Mörtel oder Gipsreste dürfen mechanisch mit Hilfe einer Spachtel (langsam und vorsichtig) und einer grünen Schleifkornbürste entfernt werden.
3. Lacke und Farbenreste dürfen auch mit einem wasserunlöslichen Lösungsmittel entfernt werden.
4. Zementschleier können ohne weiteres mit einem säurehaltigen Reiniger beseitigt werden. Nachher bitte gut mit viel Wasser nachspülen! Natur-oder Kunststeinoberflächen (kalkhaltig) mit polierter Oberfläche

Pflege- und Reinigungsverfahren

Wenn es sich um eine kalkhaltige (*Kalk in sich oder säureempfindlich*) polierte Oberfläche handelt:

1. Grobschmutz kann durch Kehren entfernt werden.
2. Mörtel oder Gipsreste dürfen mechanisch mit Hilfe einer Spachtel (langsam und vorsichtig), und maximal einem blauen Pad entfernt werden.
3. Lacke und Farbenreste dürfen mit einem wasserunlöslichen Lösungsmittel entfernt werden.
4. Zementschleier kann mechanisch mit Hilfe eines blauen Pads und einem Seifenreiniger (pH-Wert max. 6-9) entfernt werden. Viel Chemie darf man hier nicht verwenden! Dieser Vorgang muss zwei bis dreimal wiederholt werden. Nachher bitte gut mit viel Wasser nachspülen und rasch absaugen!

Natur-oder Kunststeinoberflächen kalkhaltig mit rauer Oberfläche.

Pflege- und Reinigungsverfahren

Wenn es sich um eine <u>kalkhaltige</u> (*Kalk in sich oder säureempfindlich*) <u>raue</u> <u>Oberfläche</u> handelt:

1. Grobschmutz kann durch Kehren entfernt werden.
2. Mörtel oder Gipsreste dürfen mechanisch mit Hilfe einer Spachtel (langsam und vorsichtig), und maximal einer grünen Schleifkornbürste entfernt werden.
3. Lacke und Reste von Farben dürfen mit wasserunlöslichen Lösungsmitteln entfernt werden.
4. Zementschleier kann mechanisch mit Hilfe einer grünen Schleifkornbürste und Seifenreiniger (pH-Wert max. 6-9) entfernt werden. Hier darf man nicht viel Chemie verwenden! Der Vorgang muss zwei bis dreimal wiederholt werden. Nachher bitte gut mit viel Wasser nachspülen und rasch absaugen!

Unterhaltsreinigung von Natur-/ Kunststeinböden

1. Loser und grober Schmutz, Feinstaub, sowie leichte Verschmutzungen können durch Kehren mit einem Flaumer entfernt werden.
2. Für leichte anhaftende Verschmutzungen ist ein Nasswischverfahren ein- oder zweistufig nötig.
3. Für große Flächen, die sehr frequentiert sind, wird eine maschinelle Reinigung empfohlen.

Reinigungschemie:

- Seifenreiniger (pH 6 - 9) geeignet für raue Steinoberflächen
- Allzweckreiniger (pH 6 - 9) geeignet für raue und polierte Steinoberflächen

- Alkoholreiniger (pH 6 - 9) für hochglanzpolierte Oberflächen
- Wischpflegemittel (pH 6 - 9) für raue und auch polierte Oberflächen

Imprägnierung oder Beschichtung?

Imprägnierung od. Hydrophobierung (Imprägnieren bzw. Füllen mit einer Substanz) ist die Behandlung einer Natur- bzw. Kunststeinoberfläche mit einer Schicht (oder mehrere Schichten) aus einen Hydrophobierungsmittel, um sie vor Feuchtigkeit und Schmutz zu schützen.

Vorteile:

- Keine optische Veränderung der Oberfläche (glänzend oder matt)
- Oberfläche kann mit dem richtigen Mittel gereinigt werden
- Verhinderung der Wasseraufnahme (nicht zu 100%)
- Gute Wasserdampfdurchlässigkeit und geringere Frostprobleme, sowie Verringerung bzw. Vermeidung von Ausblühungen (getrocknete Salze aus der Fuge, die sich mit Hilfe der Wasseraufnahmen nach außen ablagern)

Bitte beachten!

„Je nach Imprägnierungsmittel muss der Untergrund trocken od. feucht sein. Bei Kunststeinplatten mit kunstharzgebundenen Steinen kann keine Imprägnierung durchgeführt werden“

Imprägnierungsverfahren

1. Imprägnierungsmittel auf die gewünschte Oberfläche in Kreuzschichten auftragen.
2. Vorgang muss mehrmals wiederholt werden, bis der Stein kein Mittel mehr aufnehmen kann.
3. Überschüssige Flüssigkeit muss aufgenommen werden.
4. Ca. 72 Stunden trocknen lassen. Vorsicht: im Außenbereich muss die zu behandelnde Oberfläche 24 Stunden vor Nässe geschützt werden.

Unter **Beschichten** ist die Behandlung einer Natur- bzw. Kunststeinoberfläche mit einer festhaftenden Schicht aus formlosem Stoff zu verstehen. Der entsprechende Vorgang, sowie die aufgetragene Schicht selbst, wird auch als Beschichtung bezeichnet. Bei einer Beschichtung kann es sich um eine dünne Schicht oder eine dicke Schicht, sowie um mehrere in sich zusammenhängende Schichten handeln.

Der Unterschied zwischen **Beschichtung** und **Imprägnierung** ist hier genau definiert und orientiert sich am Kundenwunsch.

Nachteile:

- Optische Veränderung der Oberfläche (glänzend oder matt)
- Verhinderung der Wasseraufnahme
- Keine gute Wasserdampfdurchlässigkeit
- Keine Schutzwirkung, wenn die Beschichtung beschädigt ist.

> ** empfohlen wird eine Imprägnierung

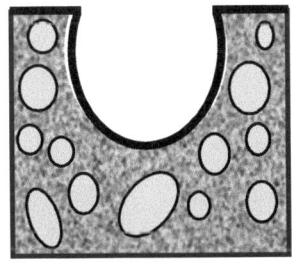 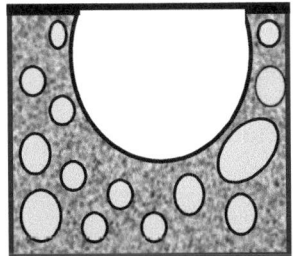

Imprägnierung   Beschichtung

Fleckentfernung (z.B.: Öl, Fett) aus Natur- oder Kunststeinen ist mittels eines Lösungsmittels möglich.

Für die Entfernung von farbigen Verschmutzungen, (z.B.: Obst, Wein, Rost) wird ein oxidativer Reiniger verwendet. (Nur bei kalkhältigen Steinen!)

Für Kalkablagerungen oder Rostflecken wird ein säurehältiger Reiniger verwendet. (Nur auf säurebeständigen Steinen!)

Zwischenreinigung von

1. Natur-/ Kunststein mit polierter Oberfläche:

Diese Art von Zwischenreinigung wird mittels eines Intensivreinigers mit maximal pH-Wert 10 (alkalisch) und einem roten Pad oder Mikrofaserpad vorgenommen.

2. Natur / Kunststein mit rauer Oberfläche:

Diese Art von Zwischenreinigung wird mittels eines alkalischen Steinreinigers und einer grünen Padbürste gemacht.

Kristallisation von kalkhältigen Natur- oder Kunststeinen

Warum kristallisieren wir einen Steinbodenbelag?

Steinbodenbeläge werden kristallisiert, um der Oberfläche wieder einen Glanz zu verleihen. Es gibt zwei Arten von Kristallisationen:

1. Flüssigkristallisation

Auch *„Spraykristallisation"* genannt, beinhaltet die Verbreitung eines Flüssigkristallisators, der auf *Kieselsäurebasis* hergestellt wird und auf den gewünschten Oberflächen verteilt wird. Danach wird mit Hilfe einer Einscheibenmaschine und eines Silber- oder Stahlwollepads auf Hochglanz poliert. Bevor Sie mit einer Kristallisation beginnen, müssen alle alten Wachs- oder Polymerschichten mittels einer Grundreinigung entfernt werden. Der Bodenbelag muss komplett sauber und trocken sein.

Der Kristallisator muss auf eine kleine Fläche von maximal 1m² aufgesprüht und mit der Einscheibenmaschine, sowie einem Silber- oder Stahlwollepad so lange poliert werden, bis der gewünschte Glanz erreicht wird. Vorgang wiederholen, danach feuchtwischen.

Schritte:

1. Prüf- und Hinweispflicht (auf Schäden oder Verfärbungen überprüfen und melden)
2. Dokumentieren (Fotos oder Skizzen von der zu reinigenden Oberfläche)
3. Alle Möbel entfernen (Oberfläche freihalten)
4. Grobschmutz entfernen (Kehren)
5. Abkleben (Sockel und empfindliche Möbeln vor Kontakt mit den Arbeitsgeräten schützen)
6. Alkalische Lösung (pH-Wert bis max. 10,5) mit einer Einscheibenmaschine mit blauem Pad verteilen und schrubben (für polierte kalkhältige Steine).
7. Während der Einwirkzeit die Ecken und Kanten bearbeiten (mit Handpad)

8. Schmutzflotte mit Nasssauger aufsaugen
9. Anschließend mit einem Mopp alles einstufig nasswischen (trocknen lassen)
10. Spraykristallisator auf ca. 1m² aufsprühen und mit einem Stahlwollepad oder Kristallisationspad auf den gewünschten Glanz bringen.
11. Anschließend mit einem Mopp und einem Alkoholreiniger alles einstufig nasswischen (trocknen lassen)
12. Mit einem weißen Pad und der Einscheibenmaschine die Oberfläche polieren.
13. Alle Möbel zurückstellen (laut Foto oder Skizze)
14. Dokumentieren (Fotos von der gereinigten Oberfläche machen)

2. Pulverkristallisation

Beinhaltet die Verbreitung eines Kristallisationspulvers, das aus Kieselsäure, Marmormehl und feinen Abrasivstoffen hergestellt wird und auf die gewünschte Oberfläche verteilt wird. Danach wird mit Hilfe einer Einscheibenmaschine und eines weißen Pads auf Hochglanz poliert. Bevor Sie mit einer Pulverkristallisation beginnen, müssen alle alten Wachs- oder Polymerschichten mittels einer Grundreinigung entfernt werden. *Der Bodenbelag muss _nicht_ komplett sauber und trocken sein.*

Der Kristallisator (pastöse Mischung von Kristallisationspulver und

Wasser) muss auf eine kleine Fläche (Padgröße) verteilt und mit der Einscheibenmaschine und einem weißen Pad so lange poliert werden, bis der gewünschte Glanz erreicht wird. Vorgang mehrmals wiederholen und um den Pulverschleier zu entfernen, gut nasswischen.

Schritte:

1. Prüf- und Hinweispflicht (auf Schäden oder Verfärbungen überprüfen und melden)
2. Dokumentieren (Fotos oder Skizzen von der zu reinigenden Oberfläche)
3. Alle Möbel entfernen (Oberfläche freihalten)
4. Grobschmutz entfernen (Kehren)
5. Abkleben (Sockel und empfindliche Möbeln vor Kontakt mit den Arbeitsgeräten schützen)
6. Alkalische Lösung (pH-Wert bis max. 10,5) mit einer Einscheibenmaschine mit blauem Pad verteilen und schrubben (für polierte kalkhältige Steine).
7. Während der Einwirkzeit die Ecken und Kanten bearbeiten (mit Handpad)
8. Schmutzflotte mit Nasssauger aufsaugen
9. Anschließend mit einem Mopp alles einstufig nasswischen.
10. Kristallisationspulver auf ca. 1m² aufsprühen mit wenig Wasser mischen und mit einem weißen Pad so lange polieren, bis der gewünschte Glanz erreicht wird.
11. Anschließend mit einem frischen weißen Pad alles nassschwemmen
12. Schmutzflotte mit einem Nasssauger absaugen
13. Anschließend mit einem Mopp und einem Alkoholreiniger alles einstufig nasswischen (trocknen lassen)
14. Alle Möbel zurückstellen (laut Foto oder Skizze)
15. Dokumentieren (Fotos von der gereinigten Oberfläche machen)

Textile Bodenbeläge

Textile Beläge sind z.B. Teppichböden oder Spannteppiche. Klassisch hingelegte Teppiche gelten nicht als Bodenbelege, da sie nicht baufest sind, sondern ein normales Mobiliar darstellen.

Es gibt Teppiche aus Natur- und Chemiefasern.

Naturfasern

• Schafwolle, Tierhaare und Seide sind tierische Fasern

- Kokos, Sisal, Ramie, Baumwolle oder Jute sind Pflanzenfasern
- Asbest ist eine Mineralfaser

Chemiefasern

- Polyamid, Polyester, Polyacrylnitril und Polypropylen sind synthetischen Ursprungs
- Zellwolle ist natürlichen Ursprungs
- Metallfasern und Glasfasern sind mineralischen Ursprungs

Wie erkennen wir einen textilen Bodenbelag?

Um einen textilen Bodenbelag zu erkennen, ist eine Brandprobe nötig, indem an einer unauffälligen Stelle des Belages ein Faden des zu prüfenden Werkstoffes mit einer Feuerzeug- oder Gasflamme entzündet wird. Das Verhalten und Aussehen der Flamme, des Rauches, des Geruchs des Verbrennungsabgases und die Brandrückstände werden uns Hinweise liefern, um welchen textilen Bodenbelag es sich handelt.

Brandprobe Beispiele

a. Pflanzliche Fasern: Die Flamme glimmt nach, die Asche ist weißlich und riecht nach verbranntem Papier oder Holz.
b. Tierische Fasern: Die Faser brennt schlecht, die Rückstande sind schwarz und riechen nach verbranntem Horn oder Haar.
c. Synthetische Fasern: Die Faser brennt schlecht und tropft ab, die Rückstande sind kugelförmig und fest mit der Faser verbunden. riechen stechend nach verbranntem Gummi.

Folgende Untergründe können bei der Teppichreinigung zu Problemen führen:

- Asphalt
- Holzböden
- Doppelböden

Reinigungschemie

- Teppichshampoo: Geeignet für Nassreinigung, Trockenschaumreinigung.
- Trockenpulver: Geeignet für Fleckentfernung, Zwischenreinigung.
- Detachurmittel: Fleckentferner.
- Tensidfreie Mittel: Geeignet für Garnpad- oder Mikrofaserreinigung.
- Wasser
- Entschäumer

Werkzeuge

- Bürstensauger
- Einscheiben- bzw. Dreischeibenmaschine mit Shampoonierbürste.
- Garn- bzw. Mikrofaserpad
- Sprühextrahierer
- Nasssauger

Reinigungsverfahren

Unterhaltsreinigung

Zuerst bitte alle Arbeitsgeräte, Reinigungschemie, Bürste, Tücher usw. auf einer Fußmatte platzieren, damit Sie alles rasch und problemlos zur Verfügung haben.

1. Prüf- und Hinweispflicht (auf Schäden und / oder Verfärbungen überprüfen bzw. melden)
2. Grobschmutz entfernen (Kehren)
3. Mit einem Bürstensauger gründlich saugen.

Detachur Methode

Bitte Mittel je nach Fleckenart verwenden.

1. Prüf- und Hinweispflicht (auf Schäden und / oder Verfärbungen überprüfen bzw. melden)
2. Grobschmutz entfernen (Kehren)
3. Mit einem Bürstensauger gründlich saugen.
4. Mittel auf dem Fleck auftragen und kurz einwirken lassen. Längere Wirkungszeiten können die Fasern beschädigen.
5. Mit einem Tuch oder bei Bedarf einer Bürste von außen nach innen die ungewünschte Materie entfernen. Nicht schrubben!
6. Mit Wasser nachspülen.
7. Trocknen lassen.

Garnpadreinigung

1. Prüf- und Hinweispflicht (auf Schäden, Blasenbildungen und / oder Verfärbungen überprüfen bzw. melden)
2. Dokumentieren (Fotos oder Skizzen von der zu reinigenden Oberfläche)
3. Alle Möbel entfernen (Oberfläche freihalten)
4. Grobschmutz entfernen (Kehren)
5. Mit einem Bürstensauger gründlich saugen.

6. Reinigungsmittel auf die gewünschte Fläche auftragen. Die tensidfreie Reinigungslösung wird die oberflächige Verschmutzung auflösen.
7. Mit einer Einscheibenmaschine und dem Garnpad abfahren. Die Verschmutzung wird vom Garnpad aufgenommen.
8. Alle Möbel zurückstellen (laut Foto oder Skizze)
9. Dokumentieren (Fotos von den gereinigten Oberflächen machen)

Trockenschaumreinigung

1. Prüf- und Hinweispflicht (auf Schäden, Blasenbildungen und / oder Verfärbungen überprüfen bzw. melden)
2. Dokumentieren (Fotos oder Skizzen von der zu reinigenden Oberfläche)
3. Alle Möbel entfernen (Oberfläche freihalten)
4. Grobschmutz entfernen (Kehren)
5. Mit einem Bürstensauger gründlich saugen.
6. Reinigungsmittel auf die gewünschte Fläche auftragen.
7. Der aufgebrachte Schaum muss mittels einer Einscheibenmaschine und Teppichbürste oder mit einem Mikrofaserpad in den textilen Belag eingearbeitet werden.
8. Die Reinigungslösung wird nach der Trocknung die Verschmutzung auflösen, absorbieren und kristallisieren. Deshalb muss erneut mit dem Bürstensauger gründlich gesaugt werden.
9. Alle Möbel zurückstellen (laut Foto oder Skizze)
10. Dokumentieren (Fotos von der gereinigten Oberfläche machen)

Trockenpulverreinigung

1. Prüf- und Hinweispflicht (auf Schäden, Blasenbildungen und / oder Verfärbungen überprüfen bzw. melden)
2. Dokumentieren (Fotos oder Skizzen von der zu reinigenden Oberfläche)

3. Alle Möbel entfernen (Oberfläche freihalten)
4. Grobschmutz entfernen (Kehren)
5. Mit einem Bürstensauger gründlich saugen.
6. Reinigungsmittel auf die gewünschte Fläche aufstreuen.
7. Das aufgestreute Pulver muss mittels Einscheibenmaschine in den textilen Belag in beide Richtungen eingearbeitet werden.
8. Die Reinigungslösung wird die Verschmutzung auflösen und absorbieren.
9. Erneut mit dem Bürstensauger, gründlich saugen.
10. Alle Möbel zurückstellen (laut Foto oder Skizze)
11. Dokumentieren (Fotos von der gereinigten Oberfläche machen)

Sprühextraktion

1. Prüf- und Hinweispflicht (auf Schäden, Blasenbildungen und / oder Verfärbungen überprüfen bzw. melden)
2. Dokumentieren (Fotos oder Skizzen von der zu reinigenden Oberfläche)
3. Alle Möbel entfernen (Oberfläche freihalten)
4. Grobschmutz entfernen (Kehren)
5. Mit einem Bürstensauger gründlich saugen.
6. Die korrekt dosierte Reinigungslösung wird in den Frischwassertank des Sprühextrahierers gefüllt. In den Schmutzwassertank nur einen Schwamm mit
7. Entschäumermittel hineingeben (um eine Schaumbildung zu verhindern)
8. Im Anschluss den Sprühextrahierer mit reinem Wasser auffüllen, langsam und sorgfältig rückwärtsgehend den Teppich bearbeiten, bis nur mehr klares Wasser abgesaugt wird.
9. Trocknen lassen.
10. Alle Möbel zurückstellen (laut Foto oder Skizze)
11. Dokumentieren (Fotos von der gereinigten Oberfläche machen)

Shampoonieren / Kombinationsmethode

1. Prüf- und Hinweispflicht (auf Schäden, Blasenbildungen und / oder Verfärbungen überprüfen bzw. melden)
2. Dokumentieren (Fotos oder Skizzen von der zu reinigenden Oberfläche)
3. Alle Möbel entfernen (Oberfläche freihalten)
4. Grobschmutz entfernen (Kehren)
5. Mit einem Bürstensauger gründlich saugen.
6. Die korrekt dosierte Reinigungslösung wird in den Wassertank der Einscheibenmaschine mit einer weichen Teppichbürste gefüllt.
7. Der aufgetragene Schaum wird mit der Bürste auf die Oberfläche einmassiert.
8. Im Anschluss wird der Schaum mit einem Sprühextrahierer (aufgefüllt nur mit reinem Wasser!) so lange langsam und sorgfältig rückwärtsgehend abgesaugt, bis nur mehr klares Wasser kommt.
9. Trocknen lassen.
10. Die restliche Reinigungslösung wird nach dem Trocknen kristallisieren. Deshalb muss man erneut mit dem Bürstensauger gründlich saugen.
11. Alle Möbel zurückstellen (laut Foto oder Skizze)
12. Dokumentieren (Fotos von der gereinigten Oberfläche machen)

> „Die Flächen so einteilen, dass der gelöste Schmutz vor dem Spülen nicht wieder antrocknen kann!!"

Wichtige Definitionen

Die folgenden Definitionen werden sehr hilfreich für Sie sein.

Chemische Verbindungen: Mischung aus zwei oder mehreren chemischen Elementen.

Eloxal: Elektrolytisch oxidiertes Aluminium

Grundreinigung: Entfernung von haftenden Verschmutzungen und/oder abgenutzten Pflegefilmen, die das Aussehen der Oberfläche beeinträchtigen. Eine Grundreinigung wird nur in größeren Zeitabständen durchgeführt.

GHP: Gute Hygiene Praxis (Muss immer vor den HACCP gemacht werden)

HACCP: (Englisch) Hazard Analysis Critical Control Point (Desinfektionsverfahren)

(Deutsch) Gefahren analysieren und Kritische Kontrollpunkte festlegen.

Hydrophil: Wasserfreundlich

Hydrophob: Wasserabstoßend

Kristallisation: Ist der Umwandlungsprozess von Kalk in eine silikatähnliche Struktur, dabei wird CO_2 (Kohlensäure) von der Kieselsäure verdrängt und mit Hilfe von mechanischen Mitteln wieder auf Hochglanz poliert.

Lösungsmittel: Ein Lösemittel ist eine flüssige Verbindung, die andere feste, flüssige oder gasförmige Stoffe auflösen kann. Es ist meistens aus Erdöl hergestellt.

Polieren: Mechanische Behandlungen einer Oberfläche mit oder ohne Pflegemittel.

Pflegeverfahren: Sind diverse Arbeitsvorgänge, die in einer bestimmten Reihenfolge ablaufen und die

Werterhaltung einer Oberfläche zum Ziel haben, z.B.: Parkettböden einölen bzw. wachsen.

Unterhaltsreinigung: Ständig wiederholende Reinigungsmaßnahmen, welche vertraglich festgelegt wurden.